Führungs- und Leitungstätigkeiten in KiTas systematisch identifizieren und reflektieren

Eine Praxishilfe

Liste der Führungs- und Leitungstätigkeiten sowie Struktur der Verantwortungsbereiche erarbeitet von Martin Cramer;
Konzeption der Praxishilfe und Einleitungstext erarbeitet von Anne Münchow

Eine Praxishilfe zur Identifikation und Reflexion von Führungs- und Leitungstätigkeiten in KiTas

Personalführung, Qualitätsentwicklung und Finanzmanagement: notwendige Verantwortungsbereiche, um eine Kindertageseinrichtung (KiTa) professionell zu führen und zu leiten. Hauptverantwortlich hierfür ist stets der Träger[1] einer KiTa, besitzt er doch die Gesamtverantwortung für seine Einrichtungen und hat entsprechend sicherzustellen, dass diese den ihnen übertragenen Bildungs-, Betreuungs- und Erziehungsauftrag erfüllen.

Um diesen Anforderungen gerecht werden zu können, überträgt der Träger einen Teil seiner Verantwortung direkt auf die Einrichtungen. Denn Fakt ist: Er kann die Führung und Leitung einer einzelnen KiTa nicht allein bewältigen – dazu gehört schließlich mehr, als lediglich bürokratische Abläufe zu managen. Ausschlaggebend für eine professionelle Leitungsausübung sind die Gestaltung und die begleitende Reflexion kontinuierlicher Interaktions-, Kommunikations- und Entwicklungsprozesse; und das muss vor Ort stattfinden. Die Delegierung von Führungs- und Leitungstätigkeiten vom Träger in die KiTa – an eine Leitungskraft, ein Leitungsteam oder andere Leitungskonstellationen – ist somit unumgänglich.

Ob alle oder nur ein Teil der Verantwortungsbereiche, die zur Führung und Leitung einer KiTa notwendig sind, an eine KiTa übertragen werden, hängt von verschiedenen Faktoren ab (Einrichtungsspezifik, Sozialraum, Trägerkultur etc.) und liegt in der alleinigen Verantwortung des Trägers. So gestaltet sich die Aufgabenteilung zwischen Träger und KiTa von Einrichtung zu Einrichtung sehr unterschiedlich; ein Effekt, der durch die Vielfalt unterschiedlicher Leitungskonstellationen innerhalb der Einrichtungen von KiTa zu KiTa noch weiter gefördert wird. Die Tätigkeitsprofile der einzelnen Leitungskräfte[2] sind somit kaum miteinander vergleichbar, sodass es **das eine** Tätigkeitsprofil für KiTa-Leitungskräfte nicht gibt. Vielmehr kann von **einrichtungsspezifischen Leitungsprofilen** gesprochen werden.

Die Praxishilfe bietet die Möglichkeit, im partizipativen Prozess zwischen Träger und KiTa ein einrichtungsspezifisches Leitungsprofil zu erstellen. Im gemeinsamen Austausch werden sämtliche Tätigkeiten, die zur Führung und Leitung einer KiTa notwendig sind, zwischen den verantwortlichen Personen diskutiert und systematisch aufgeteilt *(Identifikation)*. Darüber hinaus ermöglicht es die Praxishilfe, das einrichtungsspezifische Leitungsprofil kontinuierlich weiterzuentwickeln, indem es eine Funktion der Selbstevaluation umfasst *(Reflexion)*.

1 Der Begriff „Träger" bezeichnet folgend entweder die Person oder den Personenkreis, der die Kindertageseinrichtung betreibt, also rechtlich nach außen wie nach innen hin vertritt. Oder die juristische Person, also die Organisation, der die einzelne KiTa angehört.

2 Der Begriff „Leitungskraft" umfasst folgend alle Personen und Personengruppen, die Führungs- und Leitungstätigkeiten in einer KiTa ausüben.

Die Praxishilfe ist als eine Art Werkzeug zu verstehen, das den Prozess der Identifikation und Reflexion strukturiert. Hierbei ist zu beachten, dass es sich um einen fortlaufenden Prozess handelt. So sollte sich an die erste Phase der Identifikation und Reflexion des einrichtungsspezifischen Leitungsprofils eine zweite anschließen, in der die Ergebnisse der Selbstevaluation im Austausch mit dem Träger ausgewertet werden und das Leitungsprofil gegebenenfalls angepasst wird. Im weiteren Verlauf können (und sollten) sich weitere Selbstevaluationsphasen anschließen.

Die Notwendigkeit für ein solches Instrument begründet sich u. a. aus den Studienergebnissen von Nentwig-Gesemann, Nicolai & Köhler (2016). Die Studie zeigt die hohen Belastungen auf, unter denen Leitungskräfte tagtäglich arbeiten: Zu ihrer Arbeit im Spannungsfeld zwischen ungenügenden strukturellen Rahmenbedingungen und steigendem Aufgabenspektrum kommt hinzu, dass ihre Tätigkeits- und Anforderungsprofile oftmals unbestimmt und damit Zuständigkeiten und Verantwortlichkeiten in den einzelnen KiTas nicht geklärt sind, was ebenfalls zu Belastungen führt. Diese werden, auch das ist ein Ergebnis der Studie, nicht so stark erlebt, wenn Träger unterstützende Strukturen bereitstellen. Passgenaue Tätigkeitsprofile, erstellt im gemeinsamen Prozess zwischen Träger und Leitungskraft, sind ein Beispiel, wie Leitungskräfte in ihrer Position gestärkt werden können. Ebenso stellen Falkenhagen, Frauendorf & Bender (2017) in ihrer Untersuchung heraus, dass unklare Aufgabenbeschreibungen und Zuständigkeiten auch bei Fachkräften in Elterninitiativen, die Leitungsverantwortung übernehmen, teilweise zu Rollenkonflikten und Überforderungsgefühlen beitragen. Zudem besteht die Sorge, Tätigkeiten zu übersehen, wenn Verantwortungsbereiche nicht klar geregelt sind.

Mit einer sehr übersichtlichen Darstellung macht die Praxishilfe transparent, welche Tätigkeiten zur Führung und Leitung einer KiTa notwendig sind. Sie setzt sich aus zwei Teilen zusammen.

Im ersten Teil – *Identifikation (A–J)* – steht die Erarbeitung des einrichtungsspezifischen Leitungsprofils im Fokus.

Ein einrichtungsspezifisches Leitungsprofil klärt …

… die Aufgabenteilung zwischen dem Träger und der KiTa,
… die Aufgabenteilung innerhalb einer KiTa,
… den Rhythmus, in dem die Tätigkeiten durchgeführt werden, und
… die geschätzten Zeitressourcen für die Erledigung der Tätigkeiten.

Träger können diesen Teil zudem dazu nutzen, trägerspezifische Stellenprofile für Leitungskräfte zu entwickeln, die für Stellenausschreibungen eingesetzt werden können.

Der zweite Teil – *Reflexion (R)* – bietet durch das Führen eines Zeitverwendungstagebuches die Möglichkeit der Selbstevaluation des persönlichen Leitungsprofils. So können die notwendigen Zeitkontingente zur Erledigung der übertragenen Leitungstätigkeiten ermittelt werden. Die Ergebnisse aus der Selbstevaluation können anschließend im Dialog mit dem Träger reflektiert werden und dienen zur Weiterentwicklung des einrichtungsspezifischen Leitungsprofils.

Wie die Praxishilfe im Detail angewendet werden kann, wird im Abschnitt „So können Sie die Praxishilfe anwenden“ (S. 5) erläutert.

Eine Praxishilfe mit vielfältigem Nutzen: transparent, dialogisch, qualitätssichernd, trägerübergreifend und bundesweit einsetzbar

Die Praxishilfe schafft Transparenz über das Leitungshandeln in KiTas.

Sie umfasst insgesamt 214 Tätigkeiten, die zur Führung und Leitung einer KiTa notwendig sind. Die einzelnen Leitungstätigkeiten sind inhaltlich 42 Tätigkeitsbereichen zugeordnet, die sich wiederum in zehn Verantwortungsbereichen (A–J) wiederfinden. Diese Verantwortungsbereiche sind von innen nach außen strukturiert: vom Büro der einzelnen Leitungskraft über die personen- und organisationsbezogenen Verantwortungsbereiche, die die alltägliche Arbeit der Leitungskräfte darstellen, bis hin zur Vertretung der Einrichtung nach außen. Durch die Möglichkeit, jedem Verantwortungsbereich weitere Tätigkeiten hinzuzufügen, kann die Fülle an Leitungstätigkeiten individuell angepasst werden. So wird die Praxishilfe zu einem lebendigen Instrument, das sich stets erweitern lässt.

Die Praxishilfe ermöglicht den Dialog zwischen allen Leitungsverantwortlichen.

Die gemeinsame Anwendung der Praxishilfe in einem partizipativen Prozess ist der Schlüssel für die Erarbeitung eines einrichtungsspezifischen Leitungsprofils. Auf diese Weise sollen alle Personen, die mit Führungs- und Leitungstätigkeiten betraut sind, am Erarbeitungsprozess beteiligt werden. Im Fokus stehen dabei die Klärung der Aufgabenteilung und die Weiterentwicklung des einrichtungsspezifischen Leitungsprofils. Die Praxishilfe kann aber auch einen Gesprächsanlass bieten, um etwa über das Führungsverständnis der einzelnen Leitungsverantwortlichen oder die notwendigen Zeitkontingente zu diskutieren, die für die Erledigung der Führungs- und Leitungstätigkeiten notwendig sind.

Die Praxishilfe sichert die Qualität in der KiTa.

Mit der Erarbeitung des einrichtungsspezifischen Leitungsprofils können blinde Flecken im Leitungshandeln aufgedeckt werden; die umfassende Darstellung der Führungs- und Leitungstätigkeiten ermöglicht es, bisher unbearbeitete oder vernachlässigte Tätigkeiten, die zur Führung und Leitung einer KiTa notwendig sind, zu identifizieren. Die Dokumentation dieser Tätigkeiten und deren Zuständigkeiten ist bedeutsam für die Qualitätssicherung in einer Einrichtung und eine notwendige Bedingung, um eine KiTa professionell führen und leiten zu können.

Die Praxishilfe ist trägerübergreifend und bundesweit einsetzbar.

Sie zeichnet sich durch ihren hohen Grad an Differenziertheit bei der Beschreibung der Führungs- und Leitungstätigkeiten aus. Die Formulierung der Tätigkeiten erfolgt bewusst nicht personengerichtet, sodass jede Person, die Führungs- und Leitungstätigkeiten in einer KiTa übernimmt, ihr eigenes persönliches Leitungsprofil erstellen kann. Darüber hinaus sind die Tätigkeiten unabhängig von bundesland- und trägerspezifischen Regelungen formuliert. Damit kann die Praxishilfe bundesweit vollkommen unabhängig von der Leitungskonstellation sowie der Art und Rechtsform des Trägers genutzt werden.

So können Sie die Praxishilfe anwenden

Teil 1: Erarbeitung eines einrichtungsspezifischen Leitungsprofils

Der erste Teil der Praxishilfe umfasst die Erarbeitung des einrichtungsspezifischen Leitungsprofils. Im Rahmen eines partizipativen Prozesses, an dem alle mit Leitungsverantwortung betrauten Personen (inkl. Trägervertretung) beteiligt sind, sollten – entlang der zehn Verantwortungsbereiche – die folgenden Fragen für jede einzelne Führungs- und Leitungstätigkeit diskutiert werden.

1. Wo und bei wem liegt die Verantwortung für die jeweilige Tätigkeit?
2. In welchem Rhythmus wird die Tätigkeit durchgeführt?
3. Wie wird der Zeitaufwand für die Erledigung pro Quartal geschätzt?

Der Verantwortungsbereich A (Selbstreflexion, Selbstmanagement und berufliche Weiterbildung) ist hierbei gesondert zu betrachten, da die Tätigkeiten aus diesem Bereich nicht delegierbar sind und bei der Person mit Leitungsverantwortung selbst liegen. Die Fragen 2 und 3 sollten allerdings für alle Tätigkeiten auch aus diesem Verantwortungsbereich mit dem Träger diskutiert werden.

Die Festlegung, in welchem Rhythmus die jeweilige Tätigkeit durchgeführt wird, ist einerseits eine Orientierungshilfe zur Erstellung des eigenen Arbeits-/Aufgaben- und Zeitplans und andererseits eine Erinnerungsstütze, dass Tätigkeiten nicht vernachlässigt werden. Ebenso kann die Schätzung der benötigten Zeitressourcen für die jeweilige Tätigkeit dem eigenen Zeitmanagement dienen und kann darüber hinaus dafür genutzt werden, die Zeitressourcen für die Leitungskräfte verbindlich festzusetzen.

Verantwortlich für die Durchführung						Rhythmus der Durchführung						Geschätzte Zeit in Stunden pro Quartal			
KiTa				Träger								1 Quartal = 3 Monate, Ø 12 Wochen, 60 Tage			
Ich	Leitungsteam / Stellvertretung	Fachkraft Verwaltung	Erzieherin/ Erzieher	Trägervertretung	Fachkraft Verwaltung	täglich	wöchentlich	monatlich	halbjährlich	jährlich	bei Bedarf	1. Quartal	2. Quartal	3. Quartal	4. Quartal

Teil 2: Selbstevaluation des persönlichen Leitungsprofils

Ist das einrichtungsspezifische Leitungsprofil erstellt worden, bietet der zweite Teil der Praxishilfe die Möglichkeit, das persönliche Leitungsprofil mittels eines **Zeitverwendungstagebuches** zu evaluieren.

Hierzu ist es notwendig, dass zunächst das persönliche Leitungsprofil in die Arbeitsblätter, die Teil 2 dieser Praxishilfe beigefügt sind (ab S. 104), eingetragen wird.

Anschließend kann jeden Tag mindestens einen Monat lang die benötigte Zeit für jede Tätigkeit im Zeitverwendungstagebuch vermerkt werden. Da nicht alle Tätigkeiten innerhalb eines Monats durchgeführt werden, besteht ebenso die Möglichkeit, die benötigte Zeit pro Quartal einzutragen.

Nach einem Monat kann zumindest für die angegebenen Tätigkeiten, die in täglichem, wöchentlichem oder monatlichem Rhythmus durchgeführt werden, entlang folgender Reflexionsfragen das persönliche Leitungsprofil zunächst allein bewertet werden:

- Habe ich alle Tätigkeiten aus meinem Leitungsprofil wahrgenommen?
- Wenn nein, welche waren das, und woran lag das?
- Habe ich Tätigkeiten durchgeführt, die nicht in meinem Leitungsprofil enthalten sind?
- Wenn ja, welche waren es, und woran lag das?
- In welchem Rhythmus nehme ich die Tätigkeiten aus meinem Leitungsprofil wahr, und stimmt dieser mit dem im Leitungsprofil eingetragenen Rhythmus überein?
- Wie viel Zeit habe ich für die Tätigkeiten benötigt, und stimmt diese mit den geschätzten Zeitressourcen überein?

Verantwortungsbereich | Tätigkeitsbereich	Tätigkeit	Rhythmus der Durchführung	geschätze Zeit Pro Jahr

Benötigte Zeit in Minuten pro Tag																				Benötigte Zeit in Stunden pro Quartal			
1. Woche					2. Woche					3. Woche					4. Woche					1 Quartal = 3 Monate, Ø 12 Wochen, 60 Tage			
Mo	Di	Mi	Do	Fr	Mo	Di	Mi	Do	Fr	Mo	Di	Mi	Do	Fr	Mo	Di	Mi	Do	Fr	1. Quartal	2. Quartal	3. Quartal	4. Quartal

Überarbeitung und Weiterentwicklung des einrichtungsspezifischen Leitungsprofils

Es schließt sich eine Phase an, in der alle mit Leitungsverantwortung betrauten Personen (inkl. Trägervertretung) im Dialog die Erkenntnisse aus der Selbstevaluation diskutieren und das einrichtungsspezifische Leitungsprofil überarbeiten und weiterentwickeln. Folgende Fragen können diesen Prozess strukturieren:

- Hat sich die festgelegte Aufgabenteilung zwischen der KiTa und dem Träger bestätigt?
- Hat sich die festgelegte Aufgabenteilung innerhalb der KiTa bestätigt?
- Muss die Aufgabenteilung des einrichtungsspezifischen Leitungsprofils angepasst werden?
- Sind alle Führungs- und Leitungstätigkeiten durchgeführt worden?
- Wenn nein, woran lag das?
- Muss das einrichtungsspezifische Leitungsprofil erweitert werden?
- Sind die den Leitungskräften zur Verfügung stehenden Zeitressourcen ausreichend für die Erfüllung all ihrer Tätigkeiten aus dem Leitungsprofil?
- Wenn nein, inwieweit können sie angepasst werden?

Die Reflexionsfragen wie auch die Anwendung der Praxishilfe können je nach Bedarf gestaltet und erweitert werden, um die Praxishilfe dem individuellen Verwendungszweck der KiTa oder des Trägers anzupassen.

Der Aufbau der Praxishilfe:

10 Verantwortungsbereiche, 42 Tätigkeitsbereiche und 214 Führungs- und Leitungstätigkeiten

Teil 1 – IDENTIFIKATION

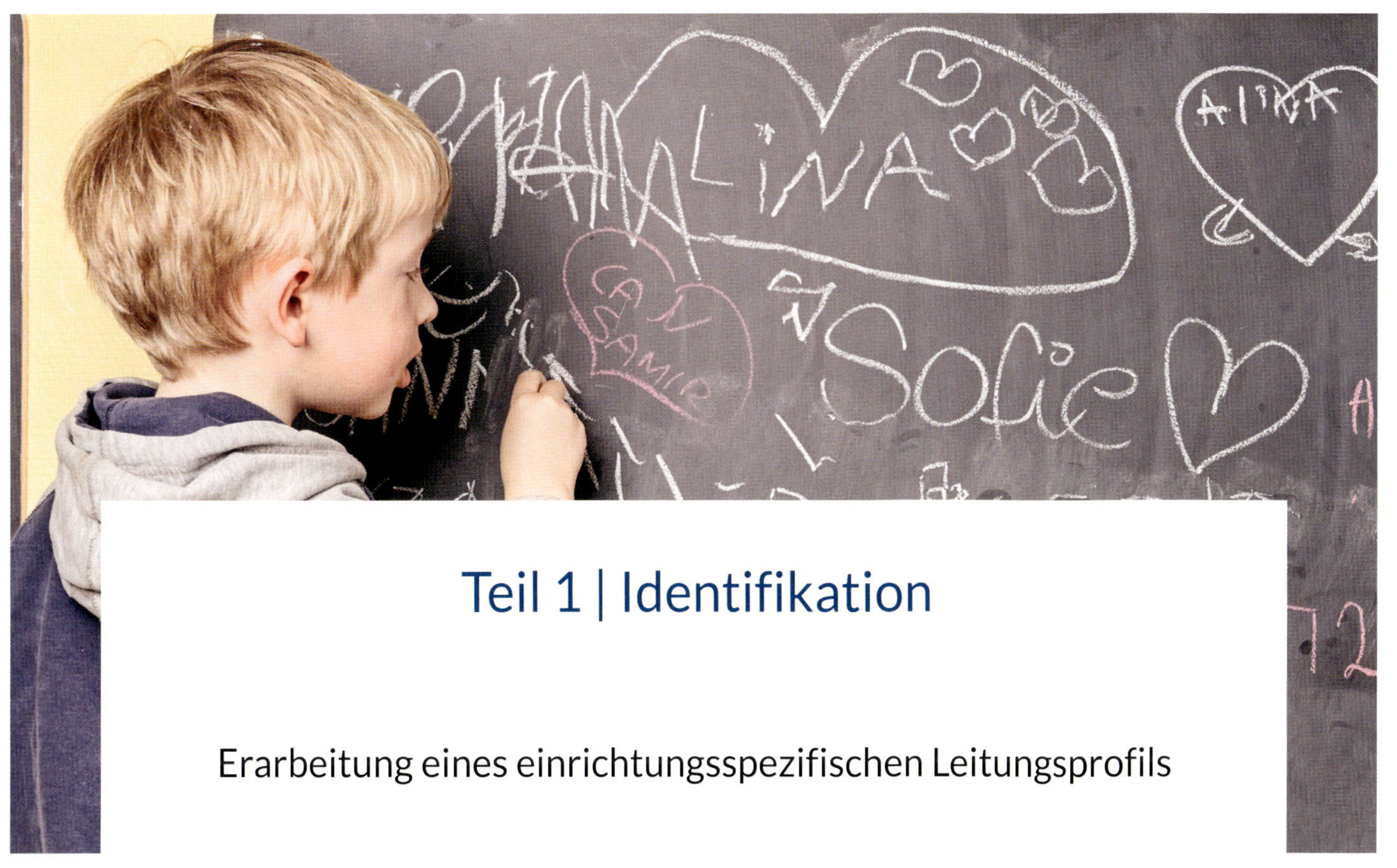

Teil 1 | Identifikation

Erarbeitung eines einrichtungsspezifischen Leitungsprofils

Verantwortungsbereich | Tätigkeitsbereich	Tätigkeit
A Selbstreflexion, Selbstmanagement und berufliche Weiterbildung	
A.1 Kontinuierliche Reflexion der Führungsrolle	Schärfung der eigenen Verantwortungsbereiche im Dialog mit dem Träger
	Überprüfung des eigenen Leitungshandelns am einrichtungsspezifischen Leitungsprofil
	Inanspruchnahme von Coaching/Mentoring
	Inanspruchnahme von Supervision
	Inanspruchnahme von Fachberatung
	Einholen von Mitarbeiterfeedback

Verantwortlich für die Durchführung	Rhythmus der Durchführung							Geschätzte Zeit in Stunden pro Quartal			
								1 Quartal = 3 Monate, Ø 12 Wochen, 60 Tage			
Ich	täglich	wöchentlich	monatlich	halbjährlich	jährlich	bei Bedarf	nie	1. Quartal	2. Quartal	3. Quartal	4. Quartal
Dieser Verantwortungsbereich wird von Leitungskräften selbst wahrgenommen, ist also nicht delegierbar.											

A

Verantwortungsbereich | Tätigkeitsbereich	Tätigkeit
A Selbstreflexion, Selbstmanagement und berufliche Weiterbildung	
A.2 Selbstmanagement	Erstellen eines täglichen/wöchentlichen Arbeits-/Aufgabenplans
	Erstellen eines Zeitplans für den täglichen/wöchentlichen Arbeits-/Aufgabenplan
	Organisation des Büros
	Kontinuierliche Evaluation der Arbeits-/Aufgaben- und Zeitplanung
	Festlegung und kontinuierliche Evaluation der Arbeitsteilung im Leitungsteam Tandem, stellvertretende Leitungskraft etc.
	Sicherstellung kontinuierlicher Absprachen/Abstimmungen im Leitungsteam Tandem, stellvertretende Leitungskraft etc.

Verantwortlich für die Durchführung	Rhythmus der Durchführung							Geschätzte Zeit in Stunden pro Quartal			
								1 Quartal = 3 Monate, Ø 12 Wochen, 60 Tage			
Ich	täglich	wöchentlich	monatlich	halbjährlich	jährlich	bei Bedarf	nie	1. Quartal	2. Quartal	3. Quartal	4. Quartal
Dieser Verantwortungsbereich wird von Leitungskräften selbst wahrgenommen, ist also nicht delegierbar.											

A

Verantwortungsbereich | Tätigkeitsbereich	Tätigkeit
A Selbstreflexion, Selbstmanagement und berufliche Weiterbildung	
A.3 Berufliche Weiterentwicklung	Teilnahme an Weiterbildungen Management und Betriebswirtschaft von sozialen Institutionen, Personalführung und -entwicklung, Kommunikation etc.
	Teilnahme an Fortbildungen Fachthemen, allgemeine Gesetzeslage, Arbeitsrecht, Aufsichtspflicht, Kinderschutz etc.
	Eigene Fortbildung Lesen von Fachliteratur etc.
	Teilnahme an Fachtagen und Kongressen

Verantwortlich für die Durchführung	Rhythmus der Durchführung							Geschätzte Zeit in Stunden pro Quartal			
								1 Quartal = 3 Monate, Ø 12 Wochen, 60 Tage			
Ich	täglich	wöchentlich	monatlich	halbjährlich	jährlich	bei Bedarf	nie	1. Quartal	2. Quartal	3. Quartal	4. Quartal
Dieser Verantwortungsbereich wird von Leitungskräften selbst wahrgenommen, ist also nicht delegierbar.											

A

Verantwortungsbereich | Tätigkeitsbereich	Tätigkeit
A Selbstreflexion, Selbstmanagement und berufliche Weiterbildung	
A.4 Weitere Leitungstätigkeiten im Verantwortungsbereich Selbstreflexion, Selbstmanagement und berufliche Weiterbildung	

A

Verantwortlich für die Durchführung	Rhythmus der Durchführung							Geschätzte Zeit in Stunden pro Quartal 1 Quartal = 3 Monate, Ø 12 Wochen, 60 Tage			
Ich	täglich	wöchentlich	monatlich	halbjährlich	jährlich	bei Bedarf	nie	1. Quartal	2. Quartal	3. Quartal	4. Quartal
Dieser Verantwortungsbereich wird von Leitungskräften selbst wahrgenommen, ist also nicht delegierbar.											

Verantwortungsbereich | Tätigkeitsbereich	Tätigkeit
B Gestaltung und Koordination der pädagogischen Arbeit	
B.1 Pädagogisch-konzeptionelle Leitung	Sicherstellung der Umsetzung der KiTa-Konzeption im pädagogischen Alltag
	Sicherstellung der Orientierung der pädagogischen Arbeit am jeweiligen Bildungsprogramm/-plan Projektarbeit, regelmäßige Beobachtungen, individuelle Entwicklungsdokumentation, regelmäßige Entwicklungsgespräche etc.
	Sicherstellung des Schutzes vor Kindeswohlgefährdung
	Sicherstellung von Kinderrechten im pädagogischen Alltag
	Sicherstellung einer pädagogischen Raumgestaltung (Innen- und Außenbereich)
	Sicherstellung einer (pädagogischen) Jahresplanung Terminplanung von Festen, Projekten, Kooperationen etc. und deren Einhaltung
	Erarbeitung eines Ernährungskonzeptes

Verantwortlich für die Durchführung						Rhythmus der Durchführung						Geschätzte Zeit in Stunden pro Quartal			
KiTa				Träger								1 Quartal = 3 Monate, Ø 12 Wochen, 60 Tage			
Ich	Leitungs-team / Stell-vertretung	Fachkraft Verwaltung	Erzieherin/ Erzieher	Träger-vertretung	Fachkraft Verwaltung	täglich	wöchentlich	monatlich	halbjährlich	jährlich	bei Bedarf	1. Quartal	2. Quartal	3. Quartal	4. Quartal

B

B

Verantwortungsbereich | Tätigkeitsbereich	Tätigkeit
B Gestaltung und Koordination der pädagogischen Arbeit	
B.2 Beratung und Anleitung der Fachkräfte in pädagogischen Fragen	Hospitationen in den Gruppen
	Führen von Einzelgesprächen mit Fachkräften
	Durchführung von Fallbesprechungen mit mehreren Fachkräften kollegiale Beratung etc.
	Führen von Konfliktgesprächen
	Eingehen auf spontane Anliegen der Fachkräfte
	Organisation und Begleitung von Teamsupervision
	Organisation und Begleitung von Fachberatung
	Beschaffen von Fachliteratur, Pflege einer Fachbibliothek

Verantwortlich für die Durchführung						Rhythmus der Durchführung						Geschätzte Zeit in Stunden pro Quartal			
KiTa				Träger								1 Quartal = 3 Monate, Ø 12 Wochen, 60 Tage			
Ich	Leitungs-team / Stell-vertretung	Fachkraft Verwaltung	Erzieherin/ Erzieher	Träger-vertretung	Fachkraft Verwaltung	täglich	wöchentlich	monatlich	halbjährlich	jährlich	bei Bedarf	1. Quartal	2. Quartal	3. Quartal	4. Quartal

B

Verantwortungsbereich | Tätigkeitsbereich	Tätigkeit
B Gestaltung und Koordination der pädagogischen Arbeit	
B.3 Kooperation im Team, Organisation der internen Kommunikation	Erarbeitung von Kommunikationsregeln im Team
	Planung, Durchführung/Teilnahme und Nachbereitung von Info-Runden
	Planung, Durchführung/Teilnahme und Nachbereitung von Bereichsteamsitzungen
	Planung, Durchführung/Teilnahme und Nachbereitung von Gesamtteamsitzungen
	Sicherstellung des Informationsflusses im Team Verteilung von Rundschreiben, Information über aktuelle Ereignisse etc.
	Analyse von Teamstrukturen Wer arbeitet gut mit wem oder nicht? Wer hat welche Stärken/Vorlieben/Schwächen/Abneigungen?
	Aufgabenverteilung, Vergabe von Verantwortlichkeiten in das Team und Überprüfung

Verantwortlich für die Durchführung						Rhythmus der Durchführung						Geschätzte Zeit in Stunden pro Quartal			
KiTa				Träger								1 Quartal = 3 Monate, Ø 12 Wochen, 60 Tage			
Ich	Leitungs-team / Stell-vertretung	Fachkraft Verwaltung	Erzieherin/ Erzieher	Träger-vertretung	Fachkraft Verwaltung	täglich	wöchentlich	monatlich	halbjährlich	jährlich	bei Bedarf	1. Quartal	2. Quartal	3. Quartal	4. Quartal

B

B

Verantwortungsbereich | Tätigkeitsbereich	Tätigkeit
B Gestaltung und Koordination der pädagogischen Arbeit	
B.4 Weitere Leitungstätigkeiten im Verantwortungsbereich Gestaltung und Koordination der pädagogischen Arbeit	

Verantwortlich für die Durchführung						Rhythmus der Durchführung						Geschätzte Zeit in Stunden pro Quartal			
KiTa				Träger								1 Quartal = 3 Monate, Ø 12 Wochen, 60 Tage			
Ich	Leitungs-team / Stell-vertretung	Fachkraft Verwaltung	Erzieherin/ Erzieher	Träger-vertretung	Fachkraft Verwaltung	täglich	wöchentlich	monatlich	halbjährlich	jährlich	bei Bedarf	1. Quartal	2. Quartal	3. Quartal	4. Quartal

B

Verantwortungsbereich | Tätigkeitsbereich	Tätigkeit
C Zusammenarbeit mit Eltern	
C.1 Aufnahme neuer Familien	Festlegung eines Aufnahmeverfahrens ggf. Organisation von Dolmetschern
	Vorstellen der Einrichtung Einzel- oder Gruppenbesichtigung
	Führen von Aufnahmegesprächen
	Beratung und Abschluss des Betreuungsvertrages
	Einholen von Einverständniserklärungen Foto- und Videoaufnahmen, Ausflüge, Abholberechtigung etc.

Verantwortlich für die Durchführung						Rhythmus der Durchführung						Geschätzte Zeit in Stunden pro Quartal			
KiTa				Träger								1 Quartal = 3 Monate, Ø 12 Wochen, 60 Tage			
Ich	Leitungs-team / Stell-vertretung	Fachkraft Verwaltung	Erzieherin/ Erzieher	Träger-vertretung	Fachkraft Verwaltung	täglich	wöchentlich	monatlich	halbjährlich	jährlich	bei Bedarf	1. Quartal	2. Quartal	3. Quartal	4. Quartal

C

C

Verantwortungsbereich | Tätigkeitsbereich	Tätigkeit
C Zusammenarbeit mit Eltern	
C.2 Kommunikation mit Eltern	Planung, Durchführung/Teilnahme und Nachbereitung von Elternabenden
	Durchführung von Elternsprechstunden
	Führen spontaner Elterngespräche
	Verfassen und Versand von Elterninfobriefen
	Konfliktberatung
	Vermittlung von Hilfsangeboten z.B. Familienberatung, Schuldnerberatung etc.

Verantwortlich für die Durchführung						Rhythmus der Durchführung						Geschätzte Zeit in Stunden pro Quartal			
KiTa				Träger								1 Quartal = 3 Monate, Ø 12 Wochen, 60 Tage			
Ich	Leitungs-team / Stell-vertretung	Fachkraft Verwaltung	Erzieherin/ Erzieher	Träger-vertretung	Fachkraft Verwaltung	täglich	wöchentlich	monatlich	halbjährlich	jährlich	bei Bedarf	1. Quartal	2. Quartal	3. Quartal	4. Quartal

C

Verantwortungsbereich | Tätigkeitsbereich	Tätigkeit
C Zusammenarbeit mit Eltern	
C.3 Beteiligung von Eltern	Organisation von Elternbeteiligung und Teilnahme/Mitwirkung in den entsprechenden Gremien
	Sicherstellung der Umsetzung eines Beschwerde- und Konfliktmanagements zur Sicherung individueller Beteiligungsrechte der Eltern
	Organisation von und Teilnahme an Elternarbeitseinsätzen
	Organisation von Hospitationen von Eltern
	Unterstützung/Beratung eines Fördervereins

Verantwortlich für die Durchführung						Rhythmus der Durchführung						Geschätzte Zeit in Stunden pro Quartal			
KiTa				Träger								1 Quartal = 3 Monate, Ø 12 Wochen, 60 Tage			
Ich	Leitungs-team / Stell-vertretung	Fachkraft Verwaltung	Erzieherin/ Erzieher	Träger-vertretung	Fachkraft Verwaltung	täglich	wöchentlich	monatlich	halbjährlich	jährlich	bei Bedarf	1. Quartal	2. Quartal	3. Quartal	4. Quartal

C

Verantwortungsbereich | Tätigkeitsbereich	Tätigkeit
C Zusammenarbeit mit Eltern	
C.4 Weitere Leitungstätigkeiten im Verantwortungsbereich Zusammenarbeit mit Eltern	

Verantwortlich für die Durchführung						Rhythmus der Durchführung						Geschätzte Zeit in Stunden pro Quartal			
KiTa				Träger								1 Quartal = 3 Monate, Ø 12 Wochen, 60 Tage			
Ich	Leitungs-team / Stell-vertretung	Fachkraft Verwaltung	Erzieherin/ Erzieher	Träger-vertretung	Fachkraft Verwaltung	täglich	wöchentlich	monatlich	halbjährlich	jährlich	bei Bedarf	1. Quartal	2. Quartal	3. Quartal	4. Quartal

C

Verantwortungsbereich | Tätigkeitsbereich	Tätigkeit
D Zusammenarbeit zwischen Einrichtung und Träger	
D.1 Kommunikation zwischen Einrichtung und Träger	Sicherstellung kontinuierlicher Absprachen/Abstimmungen zwischen Träger und Einrichtung zum pädagogischen Alltag
	Sicherstellung kontinuierlicher Absprachen/Abstimmungen zwischen Träger und Einrichtung zur Betriebsführung
	Teilnahme an Leitungskräftesitzungen innerhalb des Trägers
	Sicherstellung der Zusammenarbeit zwischen Einrichtungen des Trägers z.B. Absprachen über die Aufnahme von Kindern, die Vorbereitung gemeinsamer Aktivitäten etc.
D.2 Strategische Weiterentwicklung des Trägers/ Trägerangebots	Erarbeitung des Leitbildes des Trägers z.B. in AGs
	Weiterentwicklung des Trägerangebots z.B. in AGs, Leiterkonferenzen
	Reflexionsprozess über die inhaltlich-pädagogische Ausrichtung der Einrichtung inkl. der Erstellung jährlicher Zielvereinbarungen
	Erstellen eines Jahresarbeitsberichts der Einrichtung

Verantwortlich für die Durchführung						Rhythmus der Durchführung						Geschätzte Zeit in Stunden pro Quartal			
KiTa				Träger								1 Quartal = 3 Monate, Ø 12 Wochen, 60 Tage			
Ich	Leitungs-team / Stell-vertretung	Fachkraft Verwaltung	Erzieherin/ Erzieher	Träger-vertretung	Fachkraft Verwaltung	täglich	wöchentlich	monatlich	halbjährlich	jährlich	bei Bedarf	1. Quartal	2. Quartal	3. Quartal	4. Quartal

D

Verantwortungsbereich | Tätigkeitsbereich	Tätigkeit
D Zusammenarbeit zwischen Einrichtung und Träger	
D.3 Weitere Leitungstätigkeiten im Verantwortungsbereich Zusammenarbeit zwischen Einrichtung und Träger	

D

Verantwortlich für die Durchführung KiTa				Träger		Rhythmus der Durchführung						Geschätzte Zeit in Stunden pro Quartal 1 Quartal = 3 Monate, Ø 12 Wochen, 60 Tage			
Ich	Leitungs-team / Stell-vertretung	Fachkraft Verwaltung	Erzieherin/ Erzieher	Träger-vertretung	Fachkraft Verwaltung	täglich	wöchentlich	monatlich	halbjährlich	jährlich	bei Bedarf	1. Quartal	2. Quartal	3. Quartal	4. Quartal

D

Verantwortungsbereich | Tätigkeitsbereich	Tätigkeit
E Personalmanagement 1 Pädagogisches Personal	
E.1.1 Personalauswahl und -einstellung	Erstellen von Stellenausschreibungen
	Durchführung der Personalauswahl unter Berücksichtigung von Diversität und Multiprofessionalität im Team
	Organisation von Hospitationsterminen
	Erstellen und kontinuierliche Weiterentwicklung eines Einarbeitungsplans
	Führen von Einarbeitungsgesprächen
	Führen regelmäßiger Reflexionsgespräche während der Probezeit
	Akquise und Organisation von Vertretungs- und Honorarkräften
	Akquise und Organisation von Fachkräften über Leiharbeitsfirmen
	Akquise und Organisation von Zusatzkräften über Arbeitsförderungsprogramme wie „Soziale Teilhabe", Praktikant/-innen, FSJ, EFD, weitere Ehrenamtliche wie Vorleser/-innen etc.

Verantwortlich für die Durchführung						Rhythmus der Durchführung						Geschätzte Zeit in Stunden pro Quartal			
KiTa				Träger								1 Quartal = 3 Monate, Ø 12 Wochen, 60 Tage			
Ich	Leitungs-team / Stell-vertretung	Fachkraft Verwaltung	Erzieherin/ Erzieher	Träger-vertretung	Fachkraft Verwaltung	täglich	wöchentlich	monatlich	halbjährlich	jährlich	bei Bedarf	1. Quartal	2. Quartal	3. Quartal	4. Quartal

E 1

Verantwortungsbereich | Tätigkeitsbereich	Tätigkeit
E Personalmanagement 1 Pädagogisches Personal	
E.1.2 Personaleinsatzplanung	Dienstplangestaltung Personaleinsatzplanung und Arbeitszeiterfassung
	Planung der Zeiten für mittelbare pädagogische Arbeit
	Bearbeitung von Krankmeldungen
	Erstellen eines Vertretungsplans
	Erstellen einer Urlaubsplanung
	Erstellen eines Personalausfallkonzeptes

Verantwortlich für die Durchführung						Rhythmus der Durchführung						Geschätzte Zeit in Stunden pro Quartal			
KiTa				Träger								1 Quartal = 3 Monate, Ø 12 Wochen, 60 Tage			
Ich	Leitungs-team / Stell-vertretung	Fachkraft Verwaltung	Erzieherin/ Erzieher	Träger-vertretung	Fachkraft Verwaltung	täglich	wöchentlich	monatlich	halbjährlich	jährlich	bei Bedarf	1. Quartal	2. Quartal	3. Quartal	4. Quartal

E 1

Verantwortungsbereich | Tätigkeitsbereich	Tätigkeit
E Personalmanagement 1 Pädagogisches Personal	
E.1.3 Personalentwicklung	Fortbildungsplanung für jede Fachkraft
	Erstellen und Durchführung eines Transferkonzepts der Fortbildungen
	Führen von Mitarbeiter/-innen-Jahresgesprächen inkl. Zielvereinbarung und ihre Überprüfung
	Akquise von Gesundheitsförderungsprogrammen für die pädagogischen Fachkräfte

Verantwortlich für die Durchführung						Rhythmus der Durchführung						Geschätzte Zeit in Stunden pro Quartal			
KiTa				Träger								1 Quartal = 3 Monate, Ø 12 Wochen, 60 Tage			
Ich	Leitungs-team / Stell-vertretung	Fachkraft Verwaltung	Erzieherin/ Erzieher	Träger-vertretung	Fachkraft Verwaltung	täglich	wöchentlich	monatlich	halbjährlich	jährlich	bei Bedarf	1. Quartal	2. Quartal	3. Quartal	4. Quartal

E 1

Verantwortungsbereich | Tätigkeitsbereich	Tätigkeit
E Personalmanagement 1 Pädagogisches Personal	
E.1.4 Personalführung	Bedarfsplanung und Organisation von Supervision
	Bedarfsplanung und Organisation von Fachberatung
	Überprüfung des Verhaltens der Fachkräfte
	Gegebenenfalls Führen von Personalgesprächen
	Gegebenenfalls Aussprechen von Ermahnungen, Abmahnungen
	Vorbereitung/Erstellen von Arbeitszeugnissen/Beurteilungen für Fachkräfte und Praktikantinnen/Praktikanten

Verantwortlich für die Durchführung						Rhythmus der Durchführung						Geschätzte Zeit in Stunden pro Quartal			
KiTa				Träger								1 Quartal = 3 Monate, Ø 12 Wochen, 60 Tage			
Ich	Leitungs-team / Stell-vertretung	Fachkraft Verwaltung	Erzieherin/ Erzieher	Träger-vertretung	Fachkraft Verwaltung	täglich	wöchentlich	monatlich	halbjährlich	jährlich	bei Bedarf	1. Quartal	2. Quartal	3. Quartal	4. Quartal

E 1

Verantwortungsbereich | Tätigkeitsbereich	Tätigkeit
E Personalmanagement 1 Pädagogisches Personal	
E.1.5 Weitere Leitungstätigkeiten im Verantwortungsbereich Personalmanagement | Pädagogisches Personal	

E
1

Verantwortlich für die Durchführung						Rhythmus der Durchführung						Geschätzte Zeit in Stunden pro Quartal			
KiTa				Träger								1 Quartal = 3 Monate, Ø 12 Wochen, 60 Tage			
Ich	Leitungs-team / Stell-vertretung	Fachkraft Verwaltung	Erzieherin/ Erzieher	Träger-vertretung	Fachkraft Verwaltung	täglich	wöchentlich	monatlich	halbjährlich	jährlich	bei Bedarf	1. Quartal	2. Quartal	3. Quartal	4. Quartal

E 1

Verantwortungsbereich | Tätigkeitsbereich	Tätigkeit
E Personalmanagement 2 Weiteres Personal (Verwaltungskräfte, technisches und hauswirtschaftliches Personal etc.)	
E.2.1 Personalauswahl und -einstellung	Erstellen von Stellenausschreibungen
	Durchführung der Personalauswahl unter Berücksichtigung von Diversität und Multiprofessionalität im Team
	Führen von Einarbeitungsgesprächen
	Akquise und Organisation von hauswirtschaftlich-technischem Personal über Dienstleistungsfirmen
E.2.2 Personaleinsatzplanung	Dienstplangestaltung Personaleinsatzplanung und Arbeitszeiterfassung
	Bearbeitung von Krankmeldungen
	Sicherstellung von Vertretung
	Erstellen einer Urlaubsplanung

E
2

Verantwortlich für die Durchführung						Rhythmus der Durchführung						Geschätzte Zeit in Stunden pro Quartal			
KiTa				Träger								1 Quartal = 3 Monate, Ø 12 Wochen, 60 Tage			
Ich	Leitungs-team / Stell-vertretung	Fachkraft Verwaltung	Erzieherin/ Erzieher	Träger-vertretung	Fachkraft Verwaltung	täglich	wöchentlich	monatlich	halbjährlich	jährlich	bei Bedarf	1. Quartal	2. Quartal	3. Quartal	4. Quartal

E 2

Verantwortungsbereich | Tätigkeitsbereich	Tätigkeit
E Personalmanagement 2 Weiteres Personal (Verwaltungskräfte, technisches und hauswirtschaftliches Personal etc.)	
E.2.3 Personalentwicklung	Fortbildungsplanung für Verwaltungskräfte, Küchenpersonal etc.
	Erstellen und Durchführung eines Transferkonzepts der Fortbildungen
	Führen von Mitarbeiter/-innen-Jahresgesprächen inkl. Zielvereinbarung und ihre Überprüfung
	Akquise von Gesundheitsförderungsprogrammen für das Personal

E
2

Verantwortlich für die Durchführung						Rhythmus der Durchführung						Geschätzte Zeit in Stunden pro Quartal			
KiTa				Träger								1 Quartal = 3 Monate, Ø 12 Wochen, 60 Tage			
Ich	Leitungs-team / Stell-vertretung	Fachkraft Verwaltung	Erzieherin/ Erzieher	Träger-vertretung	Fachkraft Verwaltung	täglich	wöchentlich	monatlich	halbjährlich	jährlich	bei Bedarf	1. Quartal	2. Quartal	3. Quartal	4. Quartal

E 2

Verantwortungsbereich | Tätigkeitsbereich	Tätigkeit
E Personalmanagement 2 Weiteres Personal (Verwaltungskräfte, technisches und hauswirtschaftliches Personal etc.)	
E.2.4 Personalführung	Führen spontaner Gespräche
	Absprache und Überprüfung der Leistung
	Überprüfung des Verhaltens des Personals
	Gegebenenfalls Führen von Personalgesprächen
	Gegebenenfalls Aussprechen von Ermahnungen, Abmahnungen
	Vorbereitung/Erstellen von Arbeitszeugnissen/Beurteilungen

E
2

Verantwortlich für die Durchführung						Rhythmus der Durchführung						Geschätzte Zeit in Stunden pro Quartal			
KiTa				Träger								1 Quartal = 3 Monate, Ø 12 Wochen, 60 Tage			
Ich	Leitungs-team / Stell-vertretung	Fachkraft Verwaltung	Erzieherin/ Erzieher	Träger-vertretung	Fachkraft Verwaltung	täglich	wöchentlich	monatlich	halbjährlich	jährlich	bei Bedarf	1. Quartal	2. Quartal	3. Quartal	4. Quartal

E 2

Verantwortungsbereich | Tätigkeitsbereich	Tätigkeit
E Personalmanagement 2 Weiteres Personal (Verwaltungskräfte, technisches und hauswirtschaftliches Personal etc.)	
E.2.5 Weitere Leitungstätigkeiten im Verantwortungsbereich Personalmanagement | Weiteres Personal	

E
2

Verantwortlich für die Durchführung						Rhythmus der Durchführung						Geschätzte Zeit in Stunden pro Quartal			
KiTa				Träger								1 Quartal = 3 Monate, Ø 12 Wochen, 60 Tage			
Ich	Leitungs-team / Stell-vertretung	Fachkraft Verwaltung	Erzieherin/ Erzieher	Träger-vertretung	Fachkraft Verwaltung	täglich	wöchentlich	monatlich	halbjährlich	jährlich	bei Bedarf	1. Quartal	2. Quartal	3. Quartal	4. Quartal

E 2

Verantwortungsbereich | Tätigkeitsbereich	Tätigkeit
F Qualitätsmanagement	
F.1 KiTa-Konzeption	Erstellen einer Einrichtungskonzeption unter besonderer Berücksichtigung von: UN-Kinderrechtskonvention, KiTa-Gesetzen, Bildungsprogrammen/-plänen, Leitbild des Trägers etc.
	Erstellen eines Raum-Nutzungskonzeptes
	Erstellen eines einrichtungsspezifischen Leitungsprofils
	Erstellen eines Kinderschutzkonzeptes für die Einrichtung

Verantwortlich für die Durchführung						Rhythmus der Durchführung						Geschätzte Zeit in Stunden pro Quartal			
KiTa				Träger								1 Quartal = 3 Monate, Ø 12 Wochen, 60 Tage			
Ich	Leitungs-team / Stell-vertretung	Fachkraft Verwaltung	Erzieherin/ Erzieher	Träger-vertretung	Fachkraft Verwaltung	täglich	wöchentlich	monatlich	halbjährlich	jährlich	bei Bedarf	1. Quartal	2. Quartal	3. Quartal	4. Quartal

F

Verantwortungsbereich | Tätigkeitsbereich	Tätigkeit
F Qualitätsmanagement	
F.2 Qualitätsentwicklung und Qualitätssicherung	Kontinuierliche Weiterentwicklung und Evaluation der Einrichtungskonzeption
	Kontinuierliche Weiterentwicklung und Evaluation des Raum-Nutzungskonzeptes
	Kontinuierliche Weiterentwicklung und Evaluation des einrichtungsspezifischen Leitungsprofils
	Kontinuierliche Weiterentwicklung und Evaluation des Kinderschutzkonzeptes
	Sicherstellung der Verfügbarkeit einer „insoweit erfahrenen Fachkraft“ InsoFa
	Installation und Begleitung eines hausinternen Qualitätszirkels
	Auswahl, Entwicklung und Weiterentwicklung eines QM-Instruments
	Erstellen und Weiterentwicklung eines Qualitätshandbuchs
	Organisation der internen Evaluation, Sicherung der Evaluationsergebnisse, Festlegung von Maßnahmen und ihre Überprüfung
	Organisation der externen Evaluation, Sicherung der Evaluationsergebnisse, Festlegung von Maßnahmen und ihre Überprüfung
	Entwicklung und Einführung eines Beschwerde- und Konfliktmanagements
	Vorbereitung und Durchführung von Kinder-, Eltern- und/oder Mitarbeiterbefragungen
	Entwicklung und Überprüfung der Jahresziele

Verantwortlich für die Durchführung						Rhythmus der Durchführung						Geschätzte Zeit in Stunden pro Quartal			
KiTa				Träger								1 Quartal = 3 Monate, Ø 12 Wochen, 60 Tage			
Ich	Leitungs-team / Stell-vertretung	Fachkraft Verwaltung	Erzieherin/ Erzieher	Träger-vertretung	Fachkraft Verwaltung	täglich	wöchentlich	monatlich	halbjährlich	jährlich	bei Bedarf	1. Quartal	2. Quartal	3. Quartal	4. Quartal

F

Verantwortungsbereich | Tätigkeitsbereich	Tätigkeit
F Qualitätsmanagement	
F.3 Weitere Leitungstätigkeiten im Verantwortungsbereich Qualitätsmanagement	

F

Verantwortlich für die Durchführung						Rhythmus der Durchführung						Geschätzte Zeit in Stunden pro Quartal			
KiTa				Träger								1 Quartal = 3 Monate, Ø 12 Wochen, 60 Tage			
Ich	Leitungs-team / Stell-vertretung	Fachkraft Verwaltung	Erzieherin/ Erzieher	Träger-vertretung	Fachkraft Verwaltung	täglich	wöchentlich	monatlich	halbjährlich	jährlich	bei Bedarf	1. Quartal	2. Quartal	3. Quartal	4. Quartal

F

Verantwortungsbereich | Tätigkeitsbereich	Tätigkeit
G Betriebsführung und Verwaltung	
G.1 Finanzmanagement	Erstellen des Wirtschaftsplans (Etats) der Einrichtung
	Finanzbuchhaltung
	Lohnbuchhaltung
	Abwicklung und Überprüfung des einrichtungsbezogenen Zahlungsverkehrs
	Einholen von Informationen zur Festsetzung des Elternbeitrags
	Beitragskassierung Eltern- und Verpflegungsbeiträge
	Kontrolle des Beitragseingangs
	Gegebenenfalls Veranlassen von Mahnungen
	Führen der Handkasse

G

Verantwortlich für die Durchführung						Rhythmus der Durchführung						Geschätzte Zeit in Stunden pro Quartal			
KiTa				Träger								1 Quartal = 3 Monate, Ø 12 Wochen, 60 Tage			
Ich	Leitungs-team / Stell-vertretung	Fachkraft Verwaltung	Erzieherin/ Erzieher	Träger-vertretung	Fachkraft Verwaltung	täglich	wöchentlich	monatlich	halbjährlich	jährlich	bei Bedarf	1. Quartal	2. Quartal	3. Quartal	4. Quartal

G

Verantwortungsbereich | Tätigkeitsbereich	Tätigkeit
G Betriebsführung und Verwaltung	
G.2 Verpflegung und Ernährung	Akquise und Verhandlungen mit dem Essenanbieter unter Berücksichtigung des Ernährungskonzeptes ohne eigene Küche
	Abstimmen des Essen-/Getränkeplans entlang des Ernährungskonzeptes mit und ohne eigene Küche
G.3 Allgemeine Bürowirtschaft	Organisation der Ablage und Aktenführung
	Sichtung von Post und Mails
	Sicherstellung der telefonischen Erreichbarkeit
	Betreuung von Besuchern (Vertreter etc.)
	Sicherstellung von Pflichtaushängen

Verantwortlich für die Durchführung						Rhythmus der Durchführung						Geschätzte Zeit in Stunden pro Quartal			
KiTa				Träger								1 Quartal = 3 Monate, Ø 12 Wochen, 60 Tage			
Ich	Leitungs-team / Stell-vertretung	Fachkraft Verwaltung	Erzieherin/ Erzieher	Träger-vertretung	Fachkraft Verwaltung	täglich	wöchentlich	monatlich	halbjährlich	jährlich	bei Bedarf	1. Quartal	2. Quartal	3. Quartal	4. Quartal

G

Verantwortungsbereich | Tätigkeitsbereich	Tätigkeit
G Betriebsführung und Verwaltung	
G.4 Bau- und Sachausstattung	Organisation von Renovierung / Anbau / Neubau der Einrichtung
	Organisation des Beschaffungswesens Angebote einholen, Bestellungen durchführen, Lieferungen überprüfen
	Organisation der Bauunterhaltung Schadensmeldungen, Organisation und Begleitung von Firmen für Reparaturen etc.
	Organisation und Beaufsichtigung der Gartenpflege
	Verwaltung des Inventars (Wartung, Kontrolle, Notfallbearbeitung)
	Führen und Aktualisieren von Bestands- und Inventarlisten

Verantwortlich für die Durchführung						Rhythmus der Durchführung						Geschätzte Zeit in Stunden pro Quartal			
KiTa				Träger								1 Quartal = 3 Monate, Ø 12 Wochen, 60 Tage			
Ich	Leitungs-team / Stell-vertretung	Fachkraft Verwaltung	Erzieherin/ Erzieher	Träger-vertretung	Fachkraft Verwaltung	täglich	wöchentlich	monatlich	halbjährlich	jährlich	bei Bedarf	1. Quartal	2. Quartal	3. Quartal	4. Quartal

Verantwortungsbereich | Tätigkeitsbereich	Tätigkeit
G Betriebsführung und Verwaltung	
G.5 Belegungsplanung	Planung der Neuaufnahme von Kindern und Gruppenzusammensetzung
	Führen von Vormerklisten für Kinder
	Ausfertigung von Platzzusagen
	Anlegen und Aktualisieren von Kinderakten
G.6 Einhaltung rechtlicher Vorgaben	Überprüfung der Verkehrssicherheit
	Regelmäßige Überwachung von Brandschutz-, Hygiene-, Datenschutzbestimmungen
	Erstellen von Gefährdungsbeurteilungen ArbSchG
	Organisation von Schulungen und Unterweisungen zu Brandschutz, Hygiene, Datenschutz, Erste Hilfe, Aufsichtspflicht etc.

Verantwortlich für die Durchführung						Rhythmus der Durchführung						Geschätzte Zeit in Stunden pro Quartal			
KiTa				Träger								1 Quartal = 3 Monate, Ø 12 Wochen, 60 Tage			
Ich	Leitungs-team / Stell-vertretung	Fachkraft Verwaltung	Erzieherin/ Erzieher	Träger-vertretung	Fachkraft Verwaltung	täglich	wöchentlich	monatlich	halbjährlich	jährlich	bei Bedarf	1. Quartal	2. Quartal	3. Quartal	4. Quartal

Verantwortungsbereich | Tätigkeitsbereich	Tätigkeit
G Betriebsführung und Verwaltung	
G.7 Datenerhebung und Meldepflichten	Berechnung und Überprüfung des Personalschlüssels
	Regelmäßige Erfassung der Belegungszahlen
	Erstellen und Weiterleitung der (monatlichen) Belegstatistik
	Erstellen und Weiterleitung der jährlichen amtlichen Kinder- und Jugendhilfestatistik
	Erstattung von Unfallmeldungen Unfallkasse, Berufsgenossenschaft

Verantwortlich für die Durchführung						Rhythmus der Durchführung						Geschätzte Zeit in Stunden pro Quartal			
KiTa				Träger								1 Quartal = 3 Monate, Ø 12 Wochen, 60 Tage			
Ich	Leitungs-team / Stell-vertretung	Fachkraft Verwaltung	Erzieherin/ Erzieher	Träger-vertretung	Fachkraft Verwaltung	täglich	wöchentlich	monatlich	halbjährlich	jährlich	bei Bedarf	1. Quartal	2. Quartal	3. Quartal	4. Quartal

G

Verantwortungsbereich | Tätigkeitsbereich	Tätigkeit
G Betriebsführung und Verwaltung	
G.8 Weitere Leitungstätigkeiten im Verantwortungsbereich Betriebsführung und Verwaltung	

G

Verantwortlich für die Durchführung						Rhythmus der Durchführung						Geschätzte Zeit in Stunden pro Quartal			
KiTa				Träger								1 Quartal = 3 Monate, Ø 12 Wochen, 60 Tage			
Ich	Leitungs-team / Stell-vertretung	Fachkraft Verwaltung	Erzieherin/ Erzieher	Träger-vertretung	Fachkraft Verwaltung	täglich	wöchentlich	monatlich	halbjährlich	jährlich	bei Bedarf	1. Quartal	2. Quartal	3. Quartal	4. Quartal

G

Verantwortungsbereich | Tätigkeitsbereich	Tätigkeit
H Organisationsentwicklung	
H.1 Strategische Planung der Einrichtung	Erstellen und Weiterentwicklung des Einrichtungsprofils pädagogische Ausrichtung, Öffnungszeiten, Familienzentrum, Inklusion etc.
	Beobachtung gesellschaftlicher Entwicklungen mit Relevanz für die Einrichtung auf Veränderungen hin, die die Einrichtung betreffen
	Beobachtung der Entwicklung des Einrichtungs-Umfeldes auf Veränderungen hin, die die Einrichtung betreffen
	Planung und Umsetzung von Veränderungsprozessen z.B. Ausbau U3, Erweiterung des Platzangebots
	Akquise, Planung und Koordination geförderter Projekte Sprachkita, KitaPlus etc.

H

Verantwortlich für die Durchführung						Rhythmus der Durchführung						Geschätzte Zeit in Stunden pro Quartal			
KiTa				Träger								1 Quartal = 3 Monate, Ø 12 Wochen, 60 Tage			
Ich	Leitungsteam / Stellvertretung	Fachkraft Verwaltung	Erzieherin/ Erzieher	Trägervertretung	Fachkraft Verwaltung	täglich	wöchentlich	monatlich	halbjährlich	jährlich	bei Bedarf	1. Quartal	2. Quartal	3. Quartal	4. Quartal

H

Verantwortungsbereich | Tätigkeitsbereich	Tätigkeit
H Organisationsentwicklung	
H.2 Weiterentwicklung der Organisationskultur	Planung und Umsetzung von Teamfortbildungen/Teamtagen/Themen-AGs
	Planung und Umsetzung von Betriebsausflügen/Aktivitäten des Teams
H.3 Analyse der Arbeitsorganisation	Erstellen und Aktualisieren eines Organigramms Aufbauorganisation
	Auswertung der Personalstatistik bez. Abwesenheitszeiten
	Überprüfung der Kontinuität des Personaleinsatzes
	Analyse der Interaktion im Team

Verantwortlich für die Durchführung						Rhythmus der Durchführung						Geschätzte Zeit in Stunden pro Quartal			
KiTa				Träger								1 Quartal = 3 Monate, Ø 12 Wochen, 60 Tage			
Ich	Leitungs-team / Stell-vertretung	Fachkraft Verwaltung	Erzieherin/ Erzieher	Träger-vertretung	Fachkraft Verwaltung	täglich	wöchentlich	monatlich	halbjährlich	jährlich	bei Bedarf	1. Quartal	2. Quartal	3. Quartal	4. Quartal

Verantwortungsbereich | Tätigkeitsbereich	Tätigkeit
H Organisationsentwicklung	
H.4 Weitere Leitungstätigkeiten im Verantwortungsbereich Organisationsentwicklung	

H

Verantwortlich für die Durchführung						Rhythmus der Durchführung						Geschätzte Zeit in Stunden pro Quartal			
KiTa				Träger								1 Quartal = 3 Monate, Ø 12 Wochen, 60 Tage			
Ich	Leitungs-team / Stell-vertretung	Fachkraft Verwaltung	Erzieherin/ Erzieher	Träger-vertretung	Fachkraft Verwaltung	täglich	wöchentlich	monatlich	halbjährlich	jährlich	bei Bedarf	1. Quartal	2. Quartal	3. Quartal	4. Quartal

H

Verantwortungsbereich | Tätigkeitsbereich	Tätigkeit
I Ausbildungsleistung	
I.1 Kooperation mit Ausbildungsstätten	Präsentation der Einrichtung in Fachschulen, Hochschulen etc.
	Koordination und Begleitung von Besucher- und Hospitationsgruppen aus Fachschulen, Hochschulen etc. in der Einrichtung
I.2 Begleitung von Praktikantinnen/Praktikanten (Schulpraktikantinnen/-praktikanten, FSJ, BuFDi, EFD u. ä.)	Festlegung von Praktikantenanleiter/-innen
	Sicherstellung der Schulung/Ausbildung von Praktikantenanleiter/-innen
	Erstellen eines Praktikantenanleitungsleitfadens für die Einrichtung und Sicherung der Durchführung
	Sicherstellung von Gesprächszeiten für Anleitungsgespräche
	Zusammenarbeit mit begleitenden Lehrkräften bzw. Betreuern

Verantwortlich für die Durchführung						Rhythmus der Durchführung						Geschätzte Zeit in Stunden pro Quartal			
KiTa				Träger								1 Quartal = 3 Monate, Ø 12 Wochen, 60 Tage			
Ich	Leitungsteam / Stellvertretung	Fachkraft Verwaltung	Erzieherin/ Erzieher	Trägervertretung	Fachkraft Verwaltung	täglich	wöchentlich	monatlich	halbjährlich	jährlich	bei Bedarf	1. Quartal	2. Quartal	3. Quartal	4. Quartal

Verantwortungsbereich | Tätigkeitsbereich	Tätigkeit
I Ausbildungsleistung	
I.3 Begleitung von pädagogischen Fachkräften in Ausbildung	Festlegung von Anleiter/innen und Mentor/-innen für die Begleitung von Auszubildenden
	Sicherstellung der Qualifizierung der Anleiter/innen und Mentor/-innen
	Erstellen eines Ausbildungsleitfadens für die Einrichtung und Sicherstellung der Durchführung
	Sicherstellung von Gesprächszeiten für Anleitungsgespräche
	Sicherstellung der Kommunikation zwischen den Fachschulen und der Einrichtung (Lernort Praxis) und Zusammenarbeit mit begleitenden Lehrkräften bzw. Dozent/-innen

Verantwortlich für die Durchführung						Rhythmus der Durchführung						Geschätzte Zeit in Stunden pro Quartal			
KiTa				Träger								1 Quartal = 3 Monate, Ø 12 Wochen, 60 Tage			
Ich	Leitungs-team / Stell-vertretung	Fachkraft Verwaltung	Erzieherin/ Erzieher	Träger-vertretung	Fachkraft Verwaltung	täglich	wöchentlich	monatlich	halbjährlich	jährlich	bei Bedarf	1. Quartal	2. Quartal	3. Quartal	4. Quartal

I

Verantwortungsbereich | Tätigkeitsbereich	Tätigkeit
I Ausbildungsleistung	
I.4 Begleitung von Quereinsteigern	Festlegung von Anleiter/innen und Mentor/-innen für die Begleitung von Quereinsteigern
	Sicherstellung der Schulung/Ausbildung von Anleiter/innen und Mentor/-innen für die Begleitung von Quereinsteigern
	Mitwirkung bei der Erstellung eines individuellen Ausbildungsplans und Sicherstellung der Durchführung
	Sicherstellung von Gesprächszeiten für Anleitungsgespräche
	Sicherstellung der Kommunikation zwischen den Fachschulen und der Einrichtung (Lernort Praxis) und Zusammenarbeit mit begleitenden Institutionen/Personen

Verantwortlich für die Durchführung						Rhythmus der Durchführung						Geschätzte Zeit in Stunden pro Quartal			
KiTa				Träger								1 Quartal = 3 Monate, Ø 12 Wochen, 60 Tage			
Ich	Leitungs-team / Stell-vertretung	Fachkraft Verwaltung	Erzieherin/ Erzieher	Träger-vertretung	Fachkraft Verwaltung	täglich	wöchentlich	monatlich	halbjährlich	jährlich	bei Bedarf	1. Quartal	2. Quartal	3. Quartal	4. Quartal

I

Verantwortungsbereich | Tätigkeitsbereich	Tätigkeit
I Ausbildungsleistung	
I.5 Weitere Leitungstätigkeiten im Verantwortungsbereich Ausbildungsleistung	

Verantwortlich für die Durchführung						Rhythmus der Durchführung						Geschätzte Zeit in Stunden pro Quartal			
KiTa				Träger								1 Quartal = 3 Monate, Ø 12 Wochen, 60 Tage			
Ich	Leitungs-team / Stell-vertretung	Fachkraft Verwaltung	Erzieherin/ Erzieher	Träger-vertretung	Fachkraft Verwaltung	täglich	wöchentlich	monatlich	halbjährlich	jährlich	bei Bedarf	1. Quartal	2. Quartal	3. Quartal	4. Quartal

J

Verantwortungsbereich | Tätigkeitsbereich	Tätigkeit
J Kooperationen nach außen und Öffentlichkeitsarbeit	
J.1 Vertretung der Interessen der Kinder, der Eltern und des Personals nach außen	Teilnahme und Mitarbeit an KiTa-Ausschusssitzungen, AG 78, Arbeitskreisen, Gremien im Sozialraum etc.
	Organisation von und Teilnahme an Helferkonferenzen
	Beteiligung an der Weiterentwicklung der Fachpolitik
J.2 Zusammenarbeit mit Grundschulen	Akquise neuer Grundschulen im Sozialraum und Kontaktaufnahme
	Erarbeitung einer Kooperationsvereinbarung zur Vorbereitung des Übergangs von der KiTa zur Grundschule
	Planung und Organisation gemeinsamer Aktivitäten
	Pflege des Kontaktes

Verantwortlich für die Durchführung						Rhythmus der Durchführung						Geschätzte Zeit in Stunden pro Quartal			
KiTa				Träger								1 Quartal = 3 Monate, Ø 12 Wochen, 60 Tage			
Ich	Leitungsteam / Stellvertretung	Fachkraft Verwaltung	Erzieherin/ Erzieher	Trägervertretung	Fachkraft Verwaltung	täglich	wöchentlich	monatlich	halbjährlich	jährlich	bei Bedarf	1. Quartal	2. Quartal	3. Quartal	4. Quartal

J

Verantwortungsbereich | Tätigkeitsbereich	Tätigkeit
J Kooperationen nach außen und Öffentlichkeitsarbeit	
J.3 Zusammenarbeit im Sozialraum (KiTas, Kindertagespflege, Bibliotheken, Seniorenheime, Vereine etc.)	Akquise neuer Kooperationspartner im Sozialraum und Kontaktaufnahme
	Klärung der Kooperationsziele und Erarbeitung eines gemeinsamen Kooperationskonzeptes
	Planung und Organisation gemeinsamer Aktivitäten
	Pflege des Kontaktes
J.4 Zusammenarbeit mit Beratungsstellen und therapeutischen Einrichtungen (Sozialpädiatrisches Zentrum, Frühförderstellen, Logopädie, Ergotherapie etc.)	Akquise neuer Beratungsstellen und therapeutischer Einrichtungen und Kontaktaufnahme
	Klärung der Ziele und gegebenenfalls Erarbeitung eines gemeinsamen Kooperationskonzeptes
	Gegebenenfalls Planung und Organisation gemeinsamer Aktivitäten
	Pflege des Kontaktes
	Mitwirkung in Netzwerken z.B. Frühe Hilfen

Verantwortlich für die Durchführung KiTa				Träger		Rhythmus der Durchführung						Geschätzte Zeit in Stunden pro Quartal			
												1 Quartal = 3 Monate, Ø 12 Wochen, 60 Tage			
Ich	Leitungs-team / Stell-vertretung	Fachkraft Verwaltung	Erzieherin/ Erzieher	Träger-vertretung	Fachkraft Verwaltung	täglich	wöchentlich	monatlich	halbjährlich	jährlich	bei Bedarf	1. Quartal	2. Quartal	3. Quartal	4. Quartal

J

Verantwortungsbereich | Tätigkeitsbereich	Tätigkeit
J Kooperationen nach außen und Öffentlichkeitsarbeit	
J.5 Zusammenarbeit mit Gesundheitsbehörden/-ämtern	Organisation von Vorsorgeuntersuchungen etc.
	Kooperation bei Gesundheitsförderungs- und Präventionsprogrammen
	Absprachen über, gegebenenfalls Organisation von Schuleingangsuntersuchungen
J.6 Zusammenarbeit mit Jugendamt und Sozialamt	Kontaktaufnahme mit dem Jugendamt und Sozialamt
	Klärung der Ziele und gegebenenfalls Erarbeitung eines gemeinsamen Kooperationskonzeptes
	Pflege des Kontaktes

Verantwortlich für die Durchführung						Rhythmus der Durchführung						Geschätzte Zeit in Stunden pro Quartal			
KiTa				Träger								1 Quartal = 3 Monate, Ø 12 Wochen, 60 Tage			
Ich	Leitungsteam / Stellvertretung	Fachkraft Verwaltung	Erzieherin/ Erzieher	Trägervertretung	Fachkraft Verwaltung	täglich	wöchentlich	monatlich	halbjährlich	jährlich	bei Bedarf	1. Quartal	2. Quartal	3. Quartal	4. Quartal

J

Verantwortungsbereich | Tätigkeitsbereich	Tätigkeit
J Kooperationen nach außen und Öffentlichkeitsarbeit	
J.7 Öffentlichkeitsarbeit	Erarbeitung eines Konzepts der Öffentlichkeitsarbeit
	Planung und Durchführung von „Tagen der offenen Tür“
	Präsentation der KiTa im Sozialraum
	Zusammenarbeit mit der (lokalen) Presse
	Erstellen von Info-Flyern über die KiTa
	Gestaltung und Pflege eines Internetauftritts
	Akquise von Fördermitteln, Sammeln von Spenden fundraising, social sponsoring etc.

Verantwortlich für die Durchführung						Rhythmus der Durchführung						Geschätzte Zeit in Stunden pro Quartal			
KiTa				Träger								1 Quartal = 3 Monate, Ø 12 Wochen, 60 Tage			
Ich	Leitungs-team / Stell-vertretung	Fachkraft Verwaltung	Erzieherin/ Erzieher	Träger-vertretung	Fachkraft Verwaltung	täglich	wöchentlich	monatlich	halbjährlich	jährlich	bei Bedarf	1. Quartal	2. Quartal	3. Quartal	4. Quartal

J

Verantwortungsbereich | Tätigkeitsbereich	Tätigkeit
J Kooperationen nach außen und Öffentlichkeitsarbeit	
J.8 Weitere Leitungstätigkeiten im Verantwortungsbereich Kooperationen nach außen und Öffentlichkeitsarbeit	

J

Verantwortlich für die Durchführung						Rhythmus der Durchführung						Geschätzte Zeit in Stunden pro Quartal			
KiTa				Träger								1 Quartal = 3 Monate, Ø 12 Wochen, 60 Tage			
Ich	Leitungs-team / Stell-vertretung	Fachkraft Verwaltung	Erzieherin/ Erzieher	Träger-vertretung	Fachkraft Verwaltung	täglich	wöchentlich	monatlich	halbjährlich	jährlich	bei Bedarf	1. Quartal	2. Quartal	3. Quartal	4. Quartal

J

Teil 2 | Reflexion

Mein persönliches Leitungsprofil und Zeitverwendungstagebuch

Reflexionsfragen

Mein persönliches Leitungsprofil und Zeitverwendungstagebuch

Ist das einrichtungsspezifische Leitungsprofil erstellt worden, bietet dieser Teil der Praxishilfe die Möglichkeit, das persönliche Leitungsprofil zu erstellen und mittels eines Zeitverwendungstagebuches zu evaluieren.

Hierzu ist es notwendig, dass zunächst das persönliche Leitungsprofil in die linken Seiten der Arbeitsblätter eingetragen wird.

Verantwortungsbereich | Tätigkeitsbereich	Tätigkeit	Rhythmus der Durchführung	geschätze Zeit Pro Jahr

Weitere Arbeitsblätter für die Evaluation des persönlichen Leitungsprofils stehen unter www.bertelsmann-stiftung.de/kita-praxishilfe als Download zur Verfügung.

Auf den rechten Seiten kann anschließend jeden Tag (für mindestens einen Monat) die benötigte Zeit für jede Tätigkeit vermerkt werden. Da nicht alle Tätigkeiten innerhalb eines Monats durchgeführt werden, besteht ebenso die Möglichkeit, die benötigte Zeit pro Quartal einzutragen.

Benötigte Zeit in Minuten pro Tag																				Benötigte Zeit in Stunden pro Quartal			
1. Woche					2. Woche					3. Woche					4. Woche					1 Quartal = 3 Monate, Ø 12 Wochen, 60 Tage			
Mo	Di	Mi	Do	Fr	Mo	Di	Mi	Do	Fr	Mo	Di	Mi	Do	Fr	Mo	Di	Mi	Do	Fr	1. Quartal	2. Quartal	3. Quartal	4. Quartal

Verantwortungsbereich | Tätigkeitsbereich	Tätigkeit	Rhythmus der Durchführung	geschätze Zeit Pro Jahr

R

Benötigte Zeit in Minuten pro Tag																				Benötigte Zeit in Stunden pro Quartal			
1. Woche					2. Woche					3. Woche					4. Woche					1 Quartal = 3 Monate, Ø 12 Wochen, 60 Tage			
Mo	Di	Mi	Do	Fr	Mo	Di	Mi	Do	Fr	Mo	Di	Mi	Do	Fr	Mo	Di	Mi	Do	Fr	1. Quartal	2. Quartal	3. Quartal	4. Quartal

R

Verantwortungsbereich | Tätigkeitsbereich	Tätigkeit	Rhythmus der Durchführung	geschätze Zeit Pro Jahr

R

Benötigte Zeit in Minuten pro Tag																				Benötigte Zeit in Stunden pro Quartal			
1. Woche					2. Woche					3. Woche					4. Woche					1 Quartal = 3 Monate, Ø 12 Wochen, 60 Tage			
Mo	Di	Mi	Do	Fr	Mo	Di	Mi	Do	Fr	Mo	Di	Mi	Do	Fr	Mo	Di	Mi	Do	Fr	1. Quartal	2. Quartal	3. Quartal	4. Quartal

R

Verantwortungsbereich | Tätigkeitsbereich	Tätigkeit	Rhythmus der Durchführung	geschätze Zeit Pro Jahr

R

Benötigte Zeit in Minuten pro Tag – 1. Woche					2. Woche					3. Woche					4. Woche					Benötigte Zeit in Stunden pro Quartal (1 Quartal = 3 Monate, Ø 12 Wochen, 60 Tage)			
Mo	Di	Mi	Do	Fr	Mo	Di	Mi	Do	Fr	Mo	Di	Mi	Do	Fr	Mo	Di	Mi	Do	Fr	1. Quartal	2. Quartal	3. Quartal	4. Quartal

R

Verantwortungsbereich | Tätigkeitsbereich	Tätigkeit	Rhythmus der Durchführung	geschätze Zeit Pro Jahr

R

Benötigte Zeit in Minuten pro Tag																				Benötigte Zeit in Stunden pro Quartal			
1. Woche					2. Woche					3. Woche					4. Woche					1 Quartal = 3 Monate, Ø 12 Wochen, 60 Tage			
Mo	Di	Mi	Do	Fr	Mo	Di	Mi	Do	Fr	Mo	Di	Mi	Do	Fr	Mo	Di	Mi	Do	Fr	1. Quartal	2. Quartal	3. Quartal	4. Quartal

R

Verantwortungsbereich | Tätigkeitsbereich	Tätigkeit	Rhythmus der Durchführung	geschätze Zeit Pro Jahr

R

Benötigte Zeit in Minuten pro Tag																				Benötigte Zeit in Stunden pro Quartal			
1. Woche					2. Woche					3. Woche					4. Woche					1 Quartal = 3 Monate, Ø 12 Wochen, 60 Tage			
Mo	Di	Mi	Do	Fr	Mo	Di	Mi	Do	Fr	Mo	Di	Mi	Do	Fr	Mo	Di	Mi	Do	Fr	1. Quartal	2. Quartal	3. Quartal	4. Quartal

Verantwortungsbereich | Tätigkeitsbereich	Tätigkeit	Rhythmus der Durchführung	geschätze Zeit Pro Jahr

R

Benötigte Zeit in Minuten pro Tag																				Benötigte Zeit in Stunden pro Quartal			
1. Woche					2. Woche					3. Woche					4. Woche					1 Quartal = 3 Monate, Ø 12 Wochen, 60 Tage			
Mo	Di	Mi	Do	Fr	Mo	Di	Mi	Do	Fr	Mo	Di	Mi	Do	Fr	Mo	Di	Mi	Do	Fr	1. Quartal	2. Quartal	3. Quartal	4. Quartal

R

Verantwortungsbereich | Tätigkeitsbereich	Tätigkeit	Rhythmus der Durchführung	geschätze Zeit Pro Jahr

R

Benötigte Zeit in Minuten pro Tag																				Benötigte Zeit in Stunden pro Quartal			
1. Woche					2. Woche					3. Woche					4. Woche					1 Quartal = 3 Monate, Ø 12 Wochen, 60 Tage			
Mo	Di	Mi	Do	Fr	Mo	Di	Mi	Do	Fr	Mo	Di	Mi	Do	Fr	Mo	Di	Mi	Do	Fr	1. Quartal	2. Quartal	3. Quartal	4. Quartal

R

Verantwortungsbereich | Tätigkeitsbereich	Tätigkeit	Rhythmus der Durchführung	geschätze Zeit Pro Jahr

R

Benötigte Zeit in Minuten pro Tag																				Benötigte Zeit in Stunden pro Quartal			
1. Woche					2. Woche					3. Woche					4. Woche					1 Quartal = 3 Monate, Ø 12 Wochen, 60 Tage			
Mo	Di	Mi	Do	Fr	Mo	Di	Mi	Do	Fr	Mo	Di	Mi	Do	Fr	Mo	Di	Mi	Do	Fr	1. Quartal	2. Quartal	3. Quartal	4. Quartal

R

Verantwortungsbereich | Tätigkeitsbereich	Tätigkeit	Rhythmus der Durchführung	geschätze Zeit Pro Jahr

R

Benötigte Zeit in Minuten pro Tag																				Benötigte Zeit in Stunden pro Quartal			
1. Woche					2. Woche					3. Woche					4. Woche					1 Quartal = 3 Monate, Ø 12 Wochen, 60 Tage			
Mo	Di	Mi	Do	Fr	Mo	Di	Mi	Do	Fr	Mo	Di	Mi	Do	Fr	Mo	Di	Mi	Do	Fr	1. Quartal	2. Quartal	3. Quartal	4. Quartal

Reflexionsfragen 1

Selbstevaluation des persönlichen Leitungsprofils: Mithilfe des **Zeitverwendungstagebuches** der vorherigen Seiten besteht nach einem Monat die Möglichkeit, das persönliche Leitungsprofil zunächst allein zu bewerten. Folgende Fragen können hierbei hilfreich sein:

1. Habe ich alle Tätigkeiten aus meinem Leitungsprofil wahrgenommen? Wenn nein, welche waren das, und woran lag das?

2. Habe ich Tätigkeiten durchgeführt, die nicht in meinem Leitungsprofil enthalten sind? Wenn ja, welche waren es, und woran lag das?

Weitere Arbeitsblätter mit Reflexionsfragen stehen unter **www.bertelsmann-stiftung.de/kita-praxishilfe** als Download zur Verfügung.

---

3. In welchem Rhythmus nehme ich die Tätigkeiten aus meinem Leitungsprofil wahr, und stimmt dieser mit dem im Leitungsprofil eingetragenen Rhythmus überein?

4. Wie viel Zeit habe ich für die Tätigkeiten benötigt, und stimmt diese mit den geschätzten Zeitressourcen überein?

Reflexionsfragen 2

Überarbeitung und Weiterentwicklung des einrichtungsspezifischen Leitungsprofils: Es schließt sich eine Phase an, in der alle mit Leitungsverantwortung betrauten Personen (inkl. Trägervertretung) im Dialog die Erkenntnisse aus der Selbstevaluation diskutieren und das einrichtungsspezifische Leitungsprofil überarbeiten und weiterentwickeln. Folgende Fragen können diesen Prozess strukturieren:

1. Hat sich die festgelegte Aufgabenteilung zwischen der KiTa und dem Träger bestätigt?

2. Hat sich die festgelegte Aufgabenteilung innerhalb der KiTa bestätigt?

3. Muss die Aufgabenteilung des einrichtungsspezifischen Leitungsprofils angepasst werden?

4. Sind alle Führungs- und Leitungstätigkeiten durchgeführt worden? Wenn nein, woran lag das?

Reflexionsfragen

5. Muss das einrichtungsspezifische Leitungsprofil erweitert werden?

6. Sind die den Leitungskräften zur Verfügung stehenden Zeitressourcen ausreichend für die Erfüllung all ihrer Tätigkeiten aus dem Leitungsprofil?

7. Wenn nein, inwieweit können sie angepasst werden?

Literaturverzeichnis und Quellenangaben

Becker-Textor, Ingeborg (1995): Kindergarten 2010. Freiburg.

Christa, Harald (2016): Tätigkeitsbereiche einer Kitaleitung, in: Kita aktuell, Oktober 2016.

Demurowa, Jekaterina; Ostrowskaja, Ludmila (1976): Die Leiterin und ihr Kollektiv. Berlin.

Deutscher Paritätischer Wohlfahrtsverband Landesverband Sachsen e. V. (2013): Vielfalt – leiten.gestalten. entwickeln. Arbeitshilfe für Kita-Leitungen in Sachsen. Dresden.

Falkenhagen, Hilke; Frauendorf, Tim; Bender, Norbert (2017): Auf Augenhöhe. Leitung von Elterninitiativen in gemeinsamer Verantwortung von Eltern, Erzieherinnen und Erziehern. Gütersloh.

Fthenakis, Wassilios E.; Hanssen, Kirsten; Oberhuemer, Pamela; Schreyer, Inge (Hrsg.) (2003): Träger zeigen Profil. Qualitätshandbuch für Träger von Kindertageseinrichtungen. Weinheim u. a.

Huppertz, Norbert (1993): Die Leitung des Kindergartens. Praktische Hilfen für eine verantwortungsvolle Aufgabe. Freiburg.

INA.KINDER.GARTEN gGmbH(2010): Aufgabenbeschreibung der Kitaleitung. Berlin.

Klug, Wolfgang (2001): Erfolgreiches Kita-Management: Unternehmens-Handbuch für LeiterInnen und Träger von Kindertagesstätten. München.

Künkel, Almuth; Watermann, Rita (1997): Management im Kindergarten. Grundlagen für Leitungsaufgaben. Freiburg.

Möller, Jens-Christian; Schlenther-Möller, Esta (2007): Kita-Leitung. Leitfaden für Qualifizierung und Praxis. Berlin.

Nentwig-Gesemann, Iris; Nicolai, Katharina; Köhler, Luisa (2016): KiTa-Leitung als Schlüsselposition. Erfahrungen und Orientierungen von Leitungskräften in Kindertageseinrichtungen. Gütersloh.

Qualitätsleitfaden KiTa-Leitung. Qualitätsansprüche und -kriterien für die Leitung von Kindertageseinrichtungen der Städte Potsdam, Brandenburg an der Havel und des Landkreises Märkisch-Oderland (2016). Erarbeitet im Rahmen des Projektes KiTa ZOOM der Bertelsmann Stiftung. Gütersloh.

Strehmel, Petra (2015): Leitungsfunktion in Kindertageseinrichtungen. Aufgabenprofile, notwendige Qualifikationen und Zeitkontingente, in: Susanne Viernickel, Kirsten Fuchs-Rechlin, Petra Strehmel, Christa Preising, Joachim Bensel und Gabriele Haug-Schnabel: Qualität für alle. Wissenschaftlich begründete Standards für die Kindertagesbetreuung. Freiburg, Basel, Wien, S. 131–252.

Strehmel, Petra; Ulber, Daniela (2014): Leitung von Kindertageseinrichtungen. WiFF Expertisen, Band 39. München.

Tietze, Wolfgang; Viernickel, Susanne (Hrsg.) (2003): Pädagogische Qualität in Tageseinrichtungen für Kinder. Ein nationaler Kriterienkatalog. Weinheim u. a.

Trägerübergreifende Arbeitsgruppe der Liga der Freien Wohlfahrtspflege, der Berliner Kita-Eigenbetriebe und des Dachverbands der Kinder- und Schülerläden (DaKS) Berlin (2008): Aufgaben der Kitaleitung – Erhebung im Rahmen der AG nach 3.13 QV TAG. Berlin.

Viernickel, Susanne; Nentwig-Gesemann, Iris; Nicolai, Katharina; Schwarz, Stefanie; Zenker, Luise (2013): Schlüssel zu guter Bildung, Erziehung und Betreuung. Bildungsaufgaben, Zeitkontingente und strukturelle Rahmenbedingungen in Kindertageseinrichtungen. Forschungsbericht.Hrsg. vom Paritätischen Gesamtverband, Diakonie Deutschland – Evangelischer Bundesverband, Gewerkschaft Erziehung und Wissenschaft. Berlin.